대궁밥 눈칫밥 맨밥 가래떡 송편 시루떡 흰무리 인절미 절편
이다 버무리다 얼버무리다 뒤버무리다 푸성귀 남새 푸새 우거지
나박썰기   부치다 튀기다 구이 볶음
얼큰하다 새콤달콤하다 시금털털하다 떨떠름하다 팍팍하다 타
입시 메 대궁밥 눈칫밥 맨밥 가래떡   시루떡 흰무리 인절미
이다 버무리다 얼버무리다 뒤버무리다 푸성귀 남새 푸새 우거지
                 지다 부치다 튀기다 구이 볶음 데치다 삶다
간간하다 얼큰하다 새콤달콤하다 시금털털하다 떨떠름하다
숭늉 수라 진지 입시 메 대궁밥 눈칫밥 맨밥   송편
치 갓김치 파김치 부추김치   버무리다 얼버무리다 뒤버
반달썰기 어슷썰기 채썰기 깍둑썰기 나박썰기 지지다 부치다
삼삼하다 구뜰하다 달콤하다 간간하다 얼큰하다 새콤달콤하다
뜸   누룽지 눌은밥 숭늉 수라 진지 입   대궁밥
떡 찹쌀떡 포기김치 열무김치 갓김치 파김치 부추김치 절이다
오가리 무말랭이 통썰기   썰기 어슷썰기 채썰기 깍둑썰기
조리다 달이다 고다 구수하다 삼삼하다 구뜰하다 달콤하다
 타분하다 짓다 일다 안치다 뜸 들이다 누룽지 눌은밥 숭늉
리 인절미 개피떡 골무떡 찹쌀떡 포기김치 열무김치 갓김치
남새 푸새 우거지 시래기 오가리 말랭이 통썰기 반달썰기
이 볶음   다 삶다 찌다 조리다 달이다 고
금털털하다 떨떠름하다 팍팍하다 타분하다 짓다   안치다
무떡 찹쌀떡 포기김치 열무김치 갓김치 파김치 부추김치 절이다

끼리끼리 재미있는 우리말 사전 3

지지고 볶고!

끼리끼리 재미있는 우리말 사전 3

지지고 볶고! _밥상 박남일 글·김우선 그림

1판 1쇄 펴낸날 2013년 11월 30일 | **1판 6쇄 펴낸날** 2020년 9월 15일
펴낸이 이충호 | **펴낸곳** 길벗어린이㈜ | **등록번호** 제10-1227호 | **등록일자** 1995년 11월 6일
주소 04000 서울시 마포구 월드컵북로 45 에스디타워비엔씨 2F | **대표전화** 02-6353-3700 | **팩스** 02-6353-3702
홈페이지 www.gilbutkid.co.kr | **편집** 송지현 최은영 임하나 이현성 | **디자인** 김연수 송윤정 | **마케팅** 호종민 김서연 황혜민 강경선
총무·제작 임희영 최유리 정현미 윤희영 | **ISBN** 978-89-5582-284-7 77710 | 978-89-5582-073-7 (세트)

글 ⓒ 박남일 2013· 그림 ⓒ 김우선 2013
이 책은 저작권법에 따라 보호받는 저작물이므로, 저작권자와 길벗어린이㈜의 허락 없이는 이 책의 내용을 쓸 수 없습니다.

이 책의 국립중앙도서관 출판예정도서목록(CIP)은 서지정보유통지원시스템 홈페이지(http://seoji.nl.go.kr)와 국가자료공동목록시스템
(http://www.nl.go.kr/kolisnet)에서 이용하실 수 있습니다. (CIP 제어번호 : CIP2013022471)

끼리끼리 재미있는 우리말 사전 3

지지고 볶고!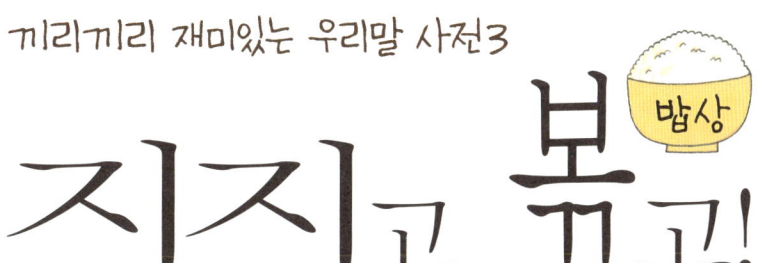

박남일 글 · 김우선 그림

길벗어린이

밥 짓고 떡 빚고

밥내가 솔솔 | 짓다 · 일다 · 안치다 · 뜸 들이다 • 6

가마솥엔 누룽지 | 누룽지 · 눌은밥 · 숭늉 • 8

임금님 밥상은 수라상 | 수라 · 진지 · 입시 · 메 • 10

찬밥 더운밥 가릴 때냐! | 대궁밥 · 눈칫밥 · 찬밥 · 맨밥 • 12

밥보다 떡국 | 가래떡 · 송편 · 시루떡 • 14

잔칫날에는 떡 | 인절미 · 절편 · 흰무리 · 개피떡 · 골무떡 · 찹쌀떡 • 16

손맛을 내고

밥상엔 김치 | 포기김치 · 열무김치 · 갓김치 · 파김치 · 부추김치 • 18

김치 담그고 | 절이다 · 버무리다 · 얼버무리다 · 뒤버무리다 • 20

나물 무치고 | 푸성귀 · 푸새 · 남새 • 22

오글오글 말리고 | 우거지 · 시래기 · 오가리 · 무말랭이 • 24

송송 썰고 | 통썰기 · 반달썰기 · 어슷썰기 · 채썰기 · 깍둑썰기 · 나박썰기 • 26

 **지지고 볶고**

　　기름에 지지고 | 지지다 · 부치다 · 튀기다 • 28

　　불에 굽고 | 구이 · 볶음 • 30

　　물에 데치고 | 데치다 · 삶다 · 찌다 • 32

　　간장에 조리고 | 조리다 · 달이다 · 고다 • 34

 맛이 어때?

　　고소하다 | 구수하다 · 삼삼하다 · 구뜰하다 • 36

　　새콤하다 | 달콤하다 · 간간하다 · 얼큰하다 • 38

　　씁쓰레하다 | 떨떠름하다 · 팍팍하다 · 타분하다 • 40

　　달콤쌉쌀하다 | 새콤달콤하다 · 시금털털하다 • 42

끼리끼리 재미있는 밥상 위 우리말 • 44

 # 밥내가 솔솔 | 짓다·일다·안치다·뜸 들이다

밥상의 주인공은 역시 밥이야.

갓 지어 올린 쌀밥에서 김이 모락모락.
맛난 쌀밥은 어떻게 지을까?
지금은 손쉬운 전기솥에 밥을 짓지만
옛적에는 시커먼 가마솥에 불을 때어 밥을 지었지.

요즘 쌀에는 돌이 없어서 조리질할 필요가 없지.

밥을 지을 때는
먼저 쌀을 씻은 뒤,
조리로 잘 **일어서** 돌을 골라내고,

가마솥에 **안쳐서** 센 불로 끓이고,

밥물이 끓어 넘치면
여린 불로 천천히 **뜸 들이고,**
주걱으로 잘 저어 주면,
기름기 자르르한
쌀밥이 가득!

밥맛이 꿀맛이야!

 # 가마솥엔 누룽지 | 누룽지·눌은밥·숭늉

고슬고슬한 쌀밥을 다 푸고 나면
가마솥 바닥에 노릇노릇 누룽지.

박박 긁어서 심심할 때 먹지.

누룽지에 물을 부어 끓이면 눌은밥.
입맛이 없거나 마땅한 반찬이 없을 때
눌은밥에 깍두기 얹어 먹으면 그만이지.

누룽지 끓인 물을 따라 내면
입가심에 좋은 구수한 **숭늉**.
밥 먹은 뒤에 숭늉을 마시면
입안이 개운해.

 # 임금님 밥상은 수라상 | 수라 · 진지 · 입시 · 메

옛날 옛적에는 같은 밥이라도
먹는 사람에 따라 다르게 불렀어.
요새도 어른들에게 "밥 먹으세요."
하지 않고, "진지 잡수세요." 하잖아.

"입시는 하였느냐?"

예, 마님.

임금님 드시는 밥은 **수라**, 임금님 밥상은 수라상.
웃어른 드시는 밥은 **진지**, 웃어른 밥상은 진짓상.
머슴이 먹는 밥은 **입시**.
제사상에 올리는 밥은 **메**.
수라, 진지는 밥을 높여 부르는 말이고,
입시는 밥을 낮추어 부르는 말이고,
메는 귀신이 먹는 밥이라는 뜻이지.

 # 찬밥 더운밥 가릴 때냐! | 대궁밥·눈칫밥·찬밥·맨밥

곡식이 모자라던 옛적에는 흉년이라도 들면
하루 종일 밥 한 끼 먹기도 힘들었어.

남이 먹다가 그릇에 남긴 **대궁밥**도
남의 집에서 얻어먹는 **눈칫밥**도
지은 지 오래되어 식어 버린 **찬밥**도
국도 반찬도 없이 먹는 **맨밥**도
배불리 먹을 수만 있으면 그땐 좋았지.

하루 세 끼 따뜻한 밥이 고마운 줄 모르고
밥 먹기 싫다고 투정 부리면 안 돼!
요즘에도 끼니 거르는 사람들이 곳곳에 있거든.

밥보다 떡국 | 가래떡·송편·시루떡

우리 겨레는 떡을 참 좋아해서
명절 차례상에 떡이 빠지지 않지.
설날 아침에는 밥 대신 떡국을 먹지.

쌀을 쪄 떡메로 쳐서 길게 늘여 뽑은 가래떡.
가래떡을 어슷어슷 썰어서 끓인 게 떡국.
떡국을 한 그릇 먹어야 비로소 한 살 먹은 거야.

한가위 때는 온 식구가
정성껏 **송편**을 빚지. 쌀가루 반죽에
소를 넣고 반달처럼 예쁘게 빚어,
시루에 솔잎을 깔고 쪄 내면 맛난 송편!

시루에 쌀가루와 팥고물을
켜켜이 안쳐서 쪄 낸 **시루떡**.
새 집 지어 고사를 지낼 때
나쁜 귀신들 물러가라고 올리는 떡이지.
팥고물 붉은색이 귀신을 쫓아 준대!

 ## 잔칫날에는 떡 | 인절미 · 절편 · 흰무리 · 개피떡 · 골무떡 · 찹쌀떡

시집 장가 오고 가는 혼례 잔칫상에는
끈끈하게 잘 살라고 쫄깃한 **인절미**를 올리고,
떡살로 눌러 무늬가 예쁜 **절편**도 올리지.

* 떡살 : 떡을 눌러 갖가지 무늬를 찍어 내는 판.

아기들 백일이나 돌잔치 상에는
티 없이 깨끗하게 자라라고 희디흰
흰무리를 올리고,
이웃이나 친지들에게 돌떡을 돌리지.

* 흰무리 : 백설기라고도 함.

철 따라, 때에 따라 해 먹는 떡도 달라.
봄에 해 먹는 **개피떡**,
겨울에 해 먹는 **골무떡**.
시험 보기 전에는
찰싹 붙으라고 **찹쌀떡**.

밥은 끼니때 식구들끼리 먹어도
떡은 꼭 이웃들과 나누어 먹지.

* 개피떡 : 흰떡이나 쑥떡을 얇게 밀어 팥소를 넣고
오목한 그릇으로 반달 모양으로 찍어 만든 떡.
* 골무떡 : 한입에 먹기 좋게 골무 모양으로 작게 만든 흰떡.

 ## 밥상엔 김치 | 포기김치·열무김치·갓김치·파김치·부추김치

밥상에 여러 가지 반찬이 가득해도
입맛 돋우는 데는
손맛 나는 김치가 으뜸.

흔히 먹는 김치는
배추 포기로 담근 **포기김치**.
겨울에 담그는 김장 김치도
포기김치가 기본이지.

어린 무의 여린 잎으로 담근
김치는 **열무김치**.
시원한 물냉면이나
비빔밥에 넣어 먹어도 좋지.

갓으로 담근 갓김치,
쪽파로 담근 파김치,
부추로 담근 부추김치도
입맛 돋우는 데 한몫하지.

철 따라 나는 여러 가지 푸성귀로
김치를 담그지. 손맛 밴 김치 하나만
잘 먹어도 건강은 거뜬해!

나도 김치
먹고 싶다!

 ### 김치 담그고 | 절이다 · 버무리다 · 얼버무리다 · 뒤버무리다

김치를 담글 때는 소금에 **절인** 배추나 무에
양념을 넣어 손으로 잘 **버무리지**.
겉만 절여 무쳐서 먹는 겉절이는
새콤달콤 아삭하게 슬쩍 **얼버무리고**,
오래 두고 먹을 김장 김치는
양념을 듬뿍 넣고 뒤적뒤적 잘 **뒤버무려** 담그지.

김치는 정성스러운 손맛이 골고루 묻어야 해.
김치 맛은 무엇보다도 손맛이거든!

 ## 나물 무치고 | 푸성귀·푸새·남새

우리 밥상에는 여러 가지 나물이 오르지.
철 따라 푸릇푸릇한 **푸성귀**가 흔하게 자라거든.
달래, 냉이, 씀바귀, 쑥처럼 산이나 들에서 저절로 자라는 푸성귀는 **푸새**.
배추, 상추, 시금치, 쑥갓처럼 밭에다 일부러 키우는 푸성귀는 **남새**.

따스한 봄 들녘에서 푸새도 뜯어 오고, 집 근처 텃밭에서 남새도 캐어다가,
조물조물 손맛 나는 나물도 무치고, 바글바글 얼큰한 국도 끓여 놓으면,
밥상에서도 봄 냄새가 모락모락 나지.

 # 오글오글 말리고 | 우거지·시래기·오가리·무말랭이

푸성귀가 나지 않는 겨울철 밥상에는
시래깃국이나 우거짓국이 자주 올라.

김장 배추나 무를 다듬고 나서
겉잎이나 무청을 따로 모은 것은 우거지.

우거지를 짚으로 엮어 그늘에서
오래 말리면 시래기.

 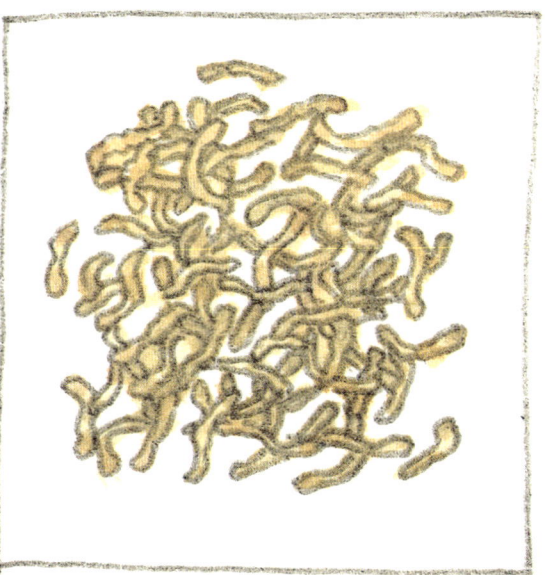

호박, 가지 따위를 잘게 썰어 오글오글 말리면 **오가리**.
무를 잘게 썰어 말린 오가리는 **무말랭이**.

초겨울 김장 무렵엔 우거지로 구수한 우거짓국 끓여 먹고,
늦겨울 무렵에는 시래기로 뜨끈한 시래깃국 끓여 먹고,
설날이나 대보름에는 여러 가지 오가리를 살짝 볶아서
조물조물 손맛 나는 나물로 무쳐 먹지.

 ## 송송 썰고 | 통썰기·반달썰기·어슷썰기·채썰기·깍둑썰기·나박썰기

무, 오이, 호박 같은 푸성귀로 음식을 만들 때는
도마에 올려놓고 먹기 좋도록 송송 썰어야지.
재료에 따라 써는 방법도 여러 가지야.

단무지나 오이는 둥글둥글하게 **통썰기**,
된장국에 넣을 애호박은 반달처럼 **반달썰기**,
찌개에 넣을 풋고추나 대파는 비스듬히 **어슷썰기**,

무생채를 무칠 때는 가늘고 길쭉하게 **채썰기**,
무 깍두기를 담글 때는 반듯반듯 네모지게 **깍둑썰기**,
시원한 동치미 무는 납작하고 얄팍하게 **나박썰기**.

칼은 위험하니까 조심조심 다루고,
쓰고 난 뒤에는 안전한 곳에 두어야 해.

 # 기름에 지지고 | 지지다 · 부치다 · 튀기다

요즘 밥상에는 기름진 음식도 많고,
지짐판에 기름을 둘러 익힌
음식도 많아.

저냐, 동그랑땡 같은 지짐이는
기름을 조금 둘러 자글자글 **지지고**,

빈대떡, 파전, 달걀부침 같은
부침개는 기름을 넓게 둘러
지글지글 **부치고**,

* 저냐 : 얇게 저민 고기나 생선 따위에
밀가루와 달걀 푼 것을 씌워 기름에 지진 음식.

오징어튀김, 고구마튀김 같은
튀김은 끓는 기름에 담가서
바삭바삭 **튀기지**.

지지거나, 부치거나, 튀기거나
기름에 익히는 건 마찬가지!

 # 불에 굽고 | 구이·볶음

날것으로 먹는 음식도 있지만
웬만한 음식은 익혀서 먹지.

불에 직접 구워 먹는 음식은 **구이**.
석쇠에 올려 구운 생선은 생선구이,
숯불에 통째로 구운 고기는 통구이.

멸치볶음

김치볶음밥

엄마 좀
그만 볶아라.

철판에 올려 볶아 먹는 음식은 **볶음**.
멸치를 달달 볶으면 멸치볶음,
김치와 밥을 함께 볶으면 김치볶음밥.

구울 때는 타지 않도록 잘 뒤집어 주고,
볶을 때는 타지 않도록 잘 저어 주어야 해.

 # 물에 데치고 | 데치다·삶다·찌다

끓는 물에 익혀 건져 먹거나
뜨거운 김으로 익힌 음식도 있어.

콩나물이나 시금치, 미나리는 끓는 물에 넣었다가 금방 건져 **데쳐서** 먹고,
국수나 달걀, 고기 따위는 팔팔 끓는 물에 푹 **삶아서** 먹고,
시루떡이나 찐빵, 고구마, 감자는 뜨거운 김으로 **쪄서** 먹지.

나물처럼 살짝 익혀서 무쳐 먹는 음식은 데치고,
고기처럼 푹 익혀야 탈이 안 나는 음식은 삶고,
고구마, 감자처럼 물기 없이 속까지 익히려면 쪄야 하지.
어쨌든 데치거나 삶거나 찌려면 팔팔 끓는 물이 있어야 해!

지지고 볶고 • 33

 # 간장에 조리고 | 조리다·달이다·고다

양념한 국물을 바특하게 졸이거나
묽은 국물이 진해지도록 오래 끓이기도 하지.

소고기장조림은 소고기를 간장 국물에 넣고 조리고,
고등어조림은 고등어에 양념을 하고 물을 부어 조려서
국물이 거의 닳고 나면 잘 익은 건더기를 먹지.

메주를 건져 낸 간장은 큰솥에 넣고 오래 달이고,
한약은 약재와 물을 돌솥에 넣고 정성껏 달이지.
간장이나 한약을 달이면 온 집 안에 냄새가 가득!

설렁탕 국물은 소뼈에 물을 넉넉히 부어 **고아서** 만들고, 곰국은 소뼈와 내장 따위를 함께 넣고 고아서 만들지. 뿌연 국물이 우러나도록 오래오래 고아야 맛이 좋지.

 # 고소하다 | 구수하다 · 삼삼하다 · 구뜰하다

먹음직스러운 음식이 밥상에 가득해.
조금씩 집어서 어디 맛 좀 볼까?

참기름 쳐서 무친 나물은 고소하고,
바글바글 끓인 된장찌개는 구수해.
고소하거나 구수한 음식은
냄새만 맡아도 입맛이 당기지.

정성이 담긴
손맛이 참맛이란다.

잘 익은 삼치구이는 싱거운 듯 삼삼하고,
변변치 않은 시래깃국도 그런대로 구뜰하지.
삼삼하거나 구뜰한 음식은
천천히 먹다 보면 참맛이 나지.

입에 착 감기듯 감칠맛 나거나
입에 짝짝 달라붙듯 꿀맛 나는 음식보다는
자연의 맛과 손맛 나는 음식이 몸에 좋아!

 # 새콤하다 | 달콤하다 · 간간하다 · 얼큰하다

 밥상에 맛깔스런 음식이 많이 있어도
사람마다 좋아하는 맛이 따로 있지.

엄마는 사과나 귤처럼 **새콤한** 맛을 좋아해.
식초처럼 마냥 신맛보다는 새콤한 맛이 좋지.

아이들은 아이스크림처럼 **달콤한** 맛을 좋아해.
설탕처럼 마냥 단맛보다는 달콤한 맛이 좋지.

 아빠는 소고기장조림처럼 **간간한** 맛을 좋아해.
소금처럼 너무 짠맛보다는 짭짤하거나 간간한 맛이 좋지.

할아버지는 매운탕처럼 **얼큰한** 맛을 좋아해.
맵기만 한 맛보다는 매콤하거나 얼큰한 맛이 좋대.

씁쓰레하다 | 떨떠름하다 · 팍팍하다 · 타분하다

맨입으로 그냥 먹기 힘든 맛도 있어.

씀바귀와 고들빼기는
그냥 먹으면 너무 써.
살짝 데쳐서 무치면 **씁쓰레하지**.

산에 열린 산감은 노랗게 익은 듯 보여도
따서 그냥 먹으면 **떨떠름하지**.

물기가 말라서 딱딱한 떡이나 빵은
물 없이 먹기에는 너무 **팍팍**하고,

오래 둔 생선으로 만든 음식은
비린내가 고약하고 맛도 **타분**하지.

떡이 오래돼 굳었네.
팍팍해서 못 먹겠다.

오래된 생선인가?
타분한 맛이 나네.

 **달곰쌉쌀하다** | 새콤달콤하다 · 시금털털하다

어떤 음식이나 먹을거리에서는
두 가지 이상의 맛이 섞여서 나기도 하지.

밥상에 오른 취나물이나 약방의 감초에서는
달곰한 단맛과 쌉쌀한 쓴맛이 섞여
달곰쌉쌀한 맛이 나고,

살구나 석류 같은 과일은
새콤한 신맛과 달콤한 단맛이 어우러져
새콤달콤한 맛이 나고,

옛적에 배고플 때 따 먹던 찔레 순에서는
시금한 신맛과 떨떠름한 떫은맛이 섞여
시금털털한 맛이 나지.

시고 떫고,
시금털털하군.

끼리끼리 재미있는 밥상 위 우리말

옛적엔 먹을 게 없어서 배고픈 사람이 많았어요. 겨울 지나 봄이 되면 양식이 거의 떨어져, 보리가 나올 때까지 허덕허덕 '보릿고개'를 넘기도 했지요. 하지만 요즘엔 먹을 게 너무 많아서, 또 너무 많이 먹어서 문제이지요. 게다가 우리 주변에는 몸에 나쁜 먹을거리가 얼마나 많은지.

그래서 좋은 밥상을 차려서 먹는 게 무척 중요해요. 그러면 어떤 게 좋은 밥상일까요?

무엇보다도 내 고장 가까이에서, 제철에 난 먹을거리로 차린 밥상이 몸에 좋지요. 또 공장에서 나오지 않고 집에서 직접 만들어 손맛이 들어간 음식이 맛이 좋아요. 그러고 보면 우리 조상 대대로 오래도록 먹어 온 음식이 맛도 좋고 몸에도 좋은 셈이지요.

그런데 좋은 음식을 많이 먹는 것보다는 나쁜 음식을 먹지 않는 게 몸에 더 좋다고 합니다. 또 가난한 나라의 배고픈 어린이들을 생각하며, 우리 몸에 꼭 필요한 만큼만 먹는 게 좋겠지요.

한편 조상 대대로 차려 온 우리 밥상에는 아름답고 맛깔난 우리말이 넘칩니다. 밥을 부르는 말도 많고, 떡을 부르는 말도 많지요. 또 철 따라 밥상에 올라오는, 푸릇푸릇한 먹을거리를 부르는 우리말도 많아요.

그런 우리말에도 구수한 맛이 있어요. 밥을 먹을 때 여러 가지 반찬을 골고루 먹어야 하는 것처럼, 여러 가지 우리말도 골고루 잘 익혀 놓으면, 두고두고 마음의 양식이 될 거예요. 우리는 밥만 먹고 사는 게 아니잖아요!

2013년 11월 박남일

박남일
선생님은 중앙대 문예창작과를 졸업하고, 우리말 연구와 인문, 교양 분야 글을 써 왔습니다. 그 동안 청년심산문학상, 계명문화상, 창작문학상 등을 받기도 하였습니다. 지은 책으로 《끼리끼리 재미있는 우리말 사전2 **자연** 뜨고 지고!》, 《끼리끼리 재미있는 우리말 사전3 **밥상** 지지고 볶고!》, 《좋은 문장을 쓰기 위한 우리말 풀이사전》, 《다시 살려 써야 할 아름다운 우리 옛말》, 《청소년을 위한 혁명의 세계사》, 《역사의 라이벌》 들이 있습니다.

김우선
홍익대학교 미술대학을 졸업하고, 줄곧 만화와 그림 그리는 일을 하고 있습니다. 그린 책으로 《끼리끼리 재미있는 우리말 사전2 **자연** 뜨고 지고!》, 《반갑다 논리야》, 《기운 센 발》, 《어린이 성경》, 《엄마》, 《지렁이 카로》 들이 있습니다.

짓다 일다 안치다 뜸 들이다 누룽지 눌은밥 숭늉 수라 진지 입
개피떡 골무떡 찹쌀떡 포기김치 열무김치 갓김치 파김치 부추김
시래기 오가리 무말랭이 통썰기 반달썰기 어슷썰기 채썰기 깍
조리다 달이다 고다 구수하다 삼삼하다 구뜰하다 하다 간간
분하다 짓다 일다 안치다 뜸 들이다 누룽지 눌은밥 숭늉 수라
개피떡 찹쌀떡 포기김치 열무김치 갓김치 파김치 부추김
시래기 오가리 무말랭이 통썰기 반달썰기 어슷썰기 채썰기
지다 조리다 달이다 고다 구수하다 삼삼하다 달
팍팍하다 타분하다 짓다 안치다 뜸 들이다 시 눌
시루떡 흰무리 인절미 절편 개피떡 골무떡 찹쌀떡 포기김치
무리다 푸성귀 남새 푸새 우거지 시래기 오가리 무말랭이 통
기 볶음 데치다 삶다 찌다 조리다 달이다 고다 구수
시금털털하다 떨떠름하다 팍팍하다 타 짓다 일다 안
눈칫밥 맨밥 가래떡 송편 시루떡 흰무리 인절미 절편 개피떡
버무리다 얼버무리다 뒤버무리다 푸성귀 남새 푸새 우거지 시
나박썰기 지지 다 튀기다 구이 볶음 데 삼다
간간하다 얼큰하다 새콤달콤하다 시금털털하다 떨 하다 팍
수라 진지 입시 메 대궁밥 눈칫밥 맨밥 가래떡 송편 시루떡
파김치 부추김치 절이다 버무리다 얼버무리다 뒤버무리다 푸
어슷썰기 채썰기 깍뚝썰기 나박썰 지다 부치다 튀기
삼삼하 구뜰하다 달콤하다 간간하다 얼큰하다 새콤달콤하다
뜸 들이다 누룽지 눌은밥 숭늉 수라 흰무리 인절미 절편 개피